Inhalt

Shelf Ready Packaging - einfaches Handling und mehr Umsatz

Kernthesen

Beitrag

Fallbeispiele

Weiterführende Literatur

Impressum

GENIOS WirtschaftsWissen Nr. 03/2007 vom 05.03.2007

Shelf Ready Packaging - einfaches Handling und mehr Umsatz

I.Zeilhofer-Ficker

Kernthesen

- In den angelsächsischen Ländern ist das Shelf Ready Packaging schon seit einigen Jahren eingeführt und beliebt.
- In Deutschland wird SRP vor allem von Discountern genutzt. Inzwischen wird SRP vermehrt von normalen Handelsunternehmen nachgefragt.
- Als Standardisierungshilfe hat die ECR Europe kürzlich eine Empfehlung für regalgerechte Verpackungen herausgegeben.
- Shelf Ready Packaging wird nur akzeptiert,

wenn das einfachere Regalbefüllen nicht mit höheren Kosten und mehr Abfall verbunden ist.

Beitrag

Bei Aldi und Lidl ist es schon lange Standard, dass die Ware auf der Palette im Transportkarton in den Verkaufsraum geschoben und dort angeboten wird. Markenerkennung und ansprechende Präsentation wird man dort vergebens suchen. Shelf Ready Packaging (SRP) soll nun beide Ansprüche verbinden.

Regalfertig verpackt warum?

Verpackungen spielen im Handel eine große Rolle die Ware muss eindeutig identifiziert werden können. Sie muss vor Transport- und Handhabungsschäden geschützt sein und Werbezwecken soll sie natürlich auch noch dienen. Seit einiger Zeit kommen vom Handel weitere Anforderungen dazu die Verpackung soll so gestaltet sein, dass die Waren möglichst einfach in die Verkaufsregale gestellt werden kann, und zwar nicht in Einzelgebinden, sondern in Verpackungseinheiten, wie sie von der Industrie geliefert werden. (1)

In den englisch sprachigen Ländern gibt es den Trend zum Shelf Ready Packaging oder auch zum Retail Ready Packaging (RRP) schon seit den 90er Jahren und auch bei den hiesigen Discountern ist es normal, dass die zum Verkauf stehenden Waren einfach auf der Palette im Transportkarton angeboten wird. Von einer ansprechenden Warenpräsentation kann man dabei nicht sprechen und das Einkaufen am Wühltisch ist sicher nicht jedermanns Sache. (2), (4)

Doch einen großen Vorteil haben nun auch die normalen Handelsunternehmen erkannt: Wenn Ware in größeren Stückzahlen mit nur einem Handgriff in die Regale geräumt werden kann, spart das Zeit bei der Regalauffüllung. Darüber hinaus kann man die entsprechenden Kartons, Tabletts und Aufsteller als Werbefläche nutzen. Die Marke kann präsentiert und leichter aufgefunden werden. Ein Mehrwert für Händler und Kunde ist geschaffen. (1), (2)

Trotzdem stehen einige Hersteller der Idee skeptisch gegenüber. Höhere Kosten werden befürchtet, ohne Zusatznutzen für den Produzenten. Außerdem fehlten bisher einheitliche Regalstandards und harmonisierte Anforderungskataloge, sodass man von vielen verschiedenen Verpackungen je nach Bestimmungsland und Handelsunternehmen ausgehen muss. Dem soll nun das kürzlich veröffentlichte Blue Book Shelf Ready Packaging der Branchenorganisation ECR Abhilfe verschaffen. (3), (4), (5), (6), (7), (8), (9), (10)

Die Empfehlungen der ECR listen nicht nur die funktionalen Anforderungen an Shelf Ready Packaging, sondern auch gemeinsame Leitlinien. Außerdem wird in einem Business Case die Vorgehensweise für die Einführung von Shelf Ready Packaging beschrieben. (1), (10), (www.ecrnet.org)

Leitprinzipien und funktionale Anforderungen an SRP (entsprechend der ECR-Empfehlungen)

Die Leitprinzipien

Mit SRP soll sowohl für die Industrie, den Handel und den Kunden gleichermaßen ein Nutzen erzielt werden. Durch leichteres Auffinden der Ware sowie weniger Stock-Outs sollen für den Hersteller und Handel gleichermaßen höhere Umsätze erzielt werden. Die Effizienz durch leichtere Identifizierung der Waren soll sich auf der ganzen Lieferkette erhöhen. Dabei soll allen gesetzlichen Vorschriften, vor allem der Verpackungsverordnung, entsprochen werden. Durch standardisierte Anforderungskataloge soll sowohl Komplexität als auch Marktfragmentierung vermieden werden bei gleichzeitiger Stärkung der Markenidentität. Der Erfolg der SRP-Einführung soll gemessen werden und die Geschäftspartner sollen sich auf eine langfristige Unterstützung von SPR verpflichten. (1), (5), (www.ecrnet.org)

Funktionelle Anforderungen

Selbstverständlich muss auch eine SR-Verpackung den Schutz der Ware während des Transports, der Lagerung und der Handhabung gewährleisten. Zusätzlich sind beim SRP folgende Anforderungen zu erfüllen:

Mit SRP soll eine leichte Identifizierbarkeit des Produktes über die gesamte Lieferkette hinweg erreicht werden. Durch entsprechend bedruckte Kartons oder eine durchsichtige Verpackung soll die Ware beim Kommissionieren, im Versand, im Lager sowie bei der Verkaufsstelle eindeutig erkannt werden können. Verfallsdaten müssen leicht zu erkennen sein. (1), (5), (6)

Das SRP-Gebinde muss einfach zu öffnen sein. Messer oder ähnliche Werkzeuge sollen vermieden werden, damit eine Beschädigung der Produkte sowie die Verletzungsgefahr ausgeschlossen wird. Auch sollte eine Person alleine in der Lage sein, die Verpackung zu öffnen, ohne dass scharfe Kanten entstehen. Aufreißbänder haben sich als hilfreich erwiesen. (1), (5), (6), (11)

Die Verpackungseinheit muss leicht zu entsorgen sein. Zusätzlicher Müll darf nicht entstehen. Der Materialeinsatz für die Verpackung sollte möglichst gering gehalten werden. Mehrweggebinde werden begrüßt, sofern einsetzbar. (1), (11)

Wichtigster Punkt ist natürlich die einfache Platzierung der Ware im Regal. Es sollten nur so viele Verkaufseinheiten in ein Gebinde verpackt werden, wie eine Person problemlos heben und bewegen kann. Dabei muss die SRP auch nach dem Öffnen noch für genügend Stabilität sorgen. Handgriffe oder ähnliches sollte bei schweren Produkten vorhanden sein. Zur Vermeidung von Out-of-Stocks sollten wenigstens zwei SRP-Gebinde im Regal Platz finden. Die Abmessungen sollten soweit standardisiert sein, dass andere Waren daneben platziert werden können. (1), (www.ercnet.org)

Schließlich soll der Kunde problemlos in der Lage sein, die Ware aus der SRP zu entnehmen und sie eventuell zurückzulegen. Besteht dabei die Gefahr der Verletzung oder ist der Entnahmevorgang zu kompliziert, so wird der Kunde entweder zu einem anderen Produkt greifen oder vor dem Kauf zurückschrecken. (1), (ecrnet.org)

Fallbeispiele

Viele Verpackungshersteller haben sich bereits auf SRP eingestellt. Die Unternehmen STI-Group, Thimm Verpackungen und Mondi Packaging haben schon seit einiger Zeit entsprechende Verpackungsvarianten im Angebot. (2)

Die SRP-Verpackung der Zigarren Marti Paseo gewann im Herbst 2006 eine Auszeichnung im Verpackungswettbewerb Pro Carton/ECMACartonAward in der Kategorie Shelf Ready/Display Packaging. Die dreieckige Faltschachtel wurde von der Field Rotopack für den Hersteller TMCC entwickelt. (13)

Das rollende Regalsystem für Getränke der Firma Logipack soll die Getränkeversorgung revolutionieren. In einem Pilotversuch der Krombacher Brauerei und InBev (Becks, Franziskaner, Hasseröder) einerseits und den Handelsunternehmen Metro und Tengelmann andererseits wird das regalgerechte Verpackungssystem gerade getestet. (14)

Carrefour hat in den vergangenen Jahren sehr gute Erfahrungen mit SRP gemacht. Der Turnover hat sich verdoppelt und Out-of-Stocks haben um 30 Prozent abgenommen. Carrefour will so schnell wie möglich SRP bei allen Eigenmarken und bei mindestens 50 Prozent der Markenartikel einführen. (6)

Weiterführende Literatur

(1) Auspacken nicht mehr nötig
aus retail technology journal, Heft 4/2006, S. 34-37

(2) O.V., Ohne Umweg ins Regal, Verpackungs-Rundschau, Heft 12/2006, S. 29
aus retail technology journal, Heft 4/2006, S. 34-37

(3) Fertig für´s Regal!
aus "Regal" Nr. 10/06 vom 01.11.2006 Seite: 142

(4) Briten definieren Shelf Ready Packaging
aus Lebensmittel Zeitung 24 vom 16.06.2006 Seite 033

(5) Schneller ins Regal
aus Lebensmittel Zeitung 39 vom 29.09.2006 Seite 065

(6) Schneller ins Regal mit Shelf Ready Packaging
aus "medianet" Nr. 899/06 vom 22.11.2006 Seite: 19

(7) Die Anforderungen
aus "Regal" Nr. 10/06 vom 01.11.2006 Seite: 143

(8) Umverpackungen bei CIES im Fokus
aus Lebensmittel Zeitung 42 vom 20.10.2006 Seite 026

(9) Verpackung Am liebsten einfach
aus LEBENSMITTEL PRAXIS NR. 017 VOM 08.09.2006 SEITE 025

(10) Rode, Jörg, Bis und Bytes, Lebensmittel Zeitung 03, 19.01.2007, S. 26
aus LEBENSMITTEL PRAXIS NR. 017 VOM 08.09.2006 SEITE 025

(11) O.V., Klein aber oho, Verpackungs-Rundschau, Heft 11/2006, S. 46 50
aus LEBENSMITTEL PRAXIS NR. 017 VOM 08.09.2006 SEITE 025

(12) Ausbildung ausweitenIn Stockholm zeigten die europäischen Händler und Markenhersteller, wie die Supply Chain weiter zu optimieren ist. Im Trend sind Gusi, Fließproduktion, SRP und weniger Schwund.
aus Logistik inside, Heft 07/2006, S. 12-14

(13) Verpackung ausgezeichnet

aus Die Tabak Zeitung vom 13.10.2006

(14) Rollendes Regal-System auch für den Mittelstand
aus Brauwelt, 38/39/2006, S. 1126-1128

Impressum

Shelf Ready Packaging - einfaches Handling und mehr Umsatz

Bibliografische Information der deutschen Nationalbibliothek

Die Deutsche Nationalbibliothek verzeichnet diese Publikation in der deutschen Nationalbibliografie; detaillierte bibliografische Daten sind im Internet über http://dnb.d-nb.de abrufbar.

ISBN: 978-3-7379-1068-2

© 2015 GBI-Genios Deutsche Wirtschaftsdatenbank GmbH, Freischützstraße 96, 81927 München, www.genios.de

Alle Rechte vorbehalten. Dieses Werk ist einschließlich aller seiner Teile – z.B. Texte, Tabellen und Grafiken - urheberrechtlich geschützt. Jede Verwertung außerhalb der Grenzen des Urheberrechtsgesetzes bedarf der vorherigen Zustimmung des Verlags. Dies gilt insbesondere auch für auszugsweise Nachdrucke, fotomechanische Vervielfältigungen (Fotokopie/Mikroskopie), Übersetzungen, Auswertungen durch Datenbanken

oder ähnliche Einrichtungen und die Einspeicherung
und Verarbeitung in elektronischen Systemen.